Alte Obstsorten in der Küche

BERNHARD IGLHAUSER

Alte Obstsorten in der Küche

APFEL & BIRNE

Servus DAS GROSSE KLEINE BUCH № 004

INHALTSVERZEICHNIS

EINLEITUNG

ALTE APFELSORTEN

Die Goldkugeln der Kornmutter: **Weißer Klarapfel** *10*
– Gedünsteter Apfelkohl –

Ein Wachskegler als Kinderspiel: **Grahams Jubiläumsapfel** *14*
– Bratäpfel mit Füllvariationen –

Geboren in der Wiege der Pomologie: **Schöner von Boskoop** *18*
– Gefülltes Apfelkotelett –

Eine Handcreme für die armen Leute: **Jakob Lebel** *22*
– Apfelkuchen am Blech –

Eine Bischofsmütze auf der Torte: **Geflammter Kardinal** *26*
– Mohntorte mit Äpfeln –

Ein Aristokrat mit vielen Namen: **Prinzenapfel** *30*
– Apfelpralinen –

Ein Schornsteinfeger in der Küche: **Roter Eiserapfel** *35*
– Rotes Apfelkompott –

ALTE BIRNENSORTEN

Ein Rotköpfchen am Wiener Naschmarkt: **Salzburger Birne** *38*
– Birnenpalatschinken –

Eine Pickelhaube als Griesgenuss: **Gute Graue** *42*
– Schokobirnengries –

Ein Lieddichter als Gaumenfreude: **Gellerts Butterbirne** *46*
– Lauchsalat mit Schinken und Birne –

Ein Paternoster an der Hauswand: **Clairgeaus Butterbirne** *50*
– Birnenkompott mit Mandeln und Cranberrys –

Eine Adelige mit besten Eigenschaften: **Herzogin Elsa** *54*
– Birnenkartoffel-Gratin –

Ein süßer Fisch im Birnenreich: **Herbstforellenbirne** *58*
– Barschfilet mit Birnensahne –

Ein Gutriecher im Wäschekasten: **Quitte** *61*
– Quittenschaum mit Gewürzrahm –

EINLEITUNG

Wo sind sie geblieben, die Streiflinge, Schepperer, Renetten, Butterbirnen und all die anderen Obstsorten, deren Beschreibungen, Abbildungen und Zuordnungen einst dicke Bände wertvollster Buchbestände und ganze Bibliotheksregale füllten? Wo sind sie geblieben, die ungezählten vielen hundert Obstsorten, welche in hingebungsvoller Leidenschaft gezüchtet, über Jahrzehnte verglichen und dann von Generationen geliebt und kulinarisch gepriesen wurden? Wo sind sie geblieben, deren Duft nach der Ernte das Wohnhaus erfüllte und deren Geschmack sich seit Kindertagen bis heute unauslöschlich eingeprägt hat?
Die Obstverwertung in der privaten Küche beschränkte sich noch vor über hundert Jahren auf Muskochen, Dörren und Obstweinerzeugung. Ein dicker Obstbrei, der keiner besonderen Konservierung bedurfte und bis zu sieben Jahre aufbewahrt werden konnte, oder die getrockneten Apfelspalten reichten als traditionelle Nahrungsprodukte. Heute weiß man, dass es keine andere Frucht gibt, die dem Apfel in

seiner Vollkommenheit und Geschmackspalette nahe kommt. Ob als Bratapfel, Kompott oder als Zutat von Küchenklassikern wie dem Apfelstrudel ist er mehr als vielseitig verwendbar.
Aber auch die Birne ist ein fruchtiges Multitalent. Laut Homer sind saftige Birnen in einer Speise ein Geschenk Gottes. Herzhaft in einem Wildgericht, pikant im Salat oder süß auf der Torte, mit der Birne kann man alles verzaubern.
Es wird oft bemängelt, dass bei Apfel- und Birnenrezepten die Angaben über verwendete Sorten fehlen. Nach Schätzung von Fachleuten gibt es gegenwärtig vierzig- bis fünfzigtausend Sorten! Angesichts dieser unglaublichen Zahl sind daher konkrete Hinweise, welche Sorten für das eine oder andere Rezept am günstigsten sind, fast unmöglich. Die ausgewählten Beispiele mögen dem Leser einfach nur den Freiraum eröffnen, sich seiner eigenen Vorliebe und Erfahrung, seiner Kreativität und Lust am Experimentieren mit alten Apfel- und Birnensorten in der Küche hinzugeben.

DIE GOLDKUGELN DER KORNMUTTER
„WEISSER KLARAPFEL"

Herkunft und Name

Von der Baumschule Wagner im lettischen Riga 1852 nach Frankreich geliefert, übernahm die Baumschule des bekannten Züchters André Leroy in Angers von dort aus mit dem Namen „Grand Sultan" die Verbreitung.
In Deutschland wurde der Frühapfel zuerst als „Durchsichtiger Sommerapfel" und „Weißer Transparentapfel" erwähnt, später setzte sich die allgemeine Bezeichnung „Weißer Klarapfel" durch. Da in manchen Gegenden der Sommerapfel schon um den 25. Juli zum Festtag des heiligen Jakobus reift, kennt man ihn dort als „Jakobiapfel".
Durch seinen häufigen Standort in der unmittelbaren Nähe von Getreidefeldern erhielt er, je nach Anbauform, die Synonyme „Weizen-, Hafer- oder Ährenapfel".
Wenn der Wind im Kornfeld besonders hohe Wellen schlug, dann zog die gefürchtete „Kornmutter" durch das Getreidefeld.
Sie benützte die auf die Felder gefallenen Früchte, die im Sonnenlicht wie goldene Kugeln glänzten, um die spielenden Kinder der arbeitenden Mägde anzulocken und zu rauben („Kornmutterapfel").

Baumeigenschaften und Standortansprüche

Der für alle Erziehungsformen geeignete, mittelschwach mit breitkugeliger Krone wachsende Baum eignet sich für nährstoffreiche Böden mit geringen Ansprüchen an Standort und Klima bis zu 400 Meter Höhenlage. Ein strenger Fruchtholzschnitt soll vermieden werden, nach starken Ertragsjahren ist oft eine kräftige Verjüngung empfehlenswert. Die frühe Blüte ist wenig frostempfindlich und das Holz ebenfalls relativ frosthart.

Fruchtmerkmale und Verwertung

Die mittelgroße, kugelig zugespitzte Frucht besitzt unregelmäßige Kanten und eine grün- bis weißgelbe, später strohgelbe, glatte, wachsartig bereifte Schale.

Die grünen Schalenpunkte können sonnenseitig rötlich schimmern.

Das grünweiße, lockere, saftige, mit erfrischender Säure ausgestattete Fruchtfleisch wird bei zu später Ernte mehlig und trocken.

Mit seiner Baum- und Genussreife ab Mitte Juli eröffnet der „Weiße Klarapfel“ als wertvolle Koch-, Strudel- und Musfrucht den jahreszeitlichen Verwertungsreigen rund um den Apfel in der Küche.

REZEPT

„Gedünsteter Apfelkohl“

ZUTATEN

1 kleiner Kohlkopf · 1 fein geschnittene Zwiebel
2 EL Enten- oder Gänsefett oder Öl
3 geschälte und in Spalten geschnittene Äpfel
Salz, Pfeffer und 1 EL glattes Mehl

ZUBEREITUNG

Kohlkopf im Ganzen oder einmal durchgeschnitten in genügend Salzwasser halb weich kochen. Abtropfen und auskühlen lassen, vom Kochwasser eine halbe Tasse aufheben. Kohl in dünne Streifen schneiden und die Zwiebeln in einer Pfanne in Fett anrösten. Äpfel und Kohl dazugeben, salzen, pfeffern und mit dem Kochwasser aufgießen. Dünsten, bis das Gemüse weich ist, mit dem Mehl stauben, umrühren und einige Minuten ziehen lassen.

Mit geriebenem Parmesan bestreut und mit gekochten Kartoffeln als Beilage servieren.

EIN WACHSKEGLER ALS KINDERSPIEL
„GRAHAMS JUBILÄUMSAPFEL"

Herkunft und Name

Beeindruckend durch eine allgemeine Robustheit und Gesundheit des Baumes, wurde die Sorte um 1880 durch John Graham aus Hounslow in England gezogen.
Ursprünglich zu Ehren des 50-jährigen Thronjubiläums von Königin Victoria 1887 als „Royal Jubilee" bezeichnet, kam sie 1893 unter dem Namen „Grahams Jubiläumsapfel" durch die Baumschule Bunyard in Maidstone in den Handel. Die erste Beschreibung und Abbildung fertigten der bedeutende deutsche Obstbaulehrer, Wissenschaftler und Pomologe Dr. Eduard Lucas (1816–1882) und der Theologe Johann Georg Conrad Oberdieck (1794–1880) in den von ihnen gegründeten „Pomologischen Monatsheften" an.
In vielen Gegenden erhielt der Apfel generell die Bezeichnung „Küchenapfel", in den Tauerntälern findet man ihn auch als „Packlapfel" in der traditionellen Essensausrüstung für Reisende und Bergwanderer. In manchen Regionen diente er den Kindern als „Wachskegler" zum Spielen. Dabei wurden die kegelförmigen Äpfel in gleicher Anordnung wie beim Kegelspiel aufgestellt und die Murmelkugeln mussten den Weg durch die Fruchtfiguren finden.

Baumeigenschaften und Standortansprüche

Den mittelstark wachsenden Baum charakterisieren eine breite, schirmartige Krone und eine bemerkenswerte Frosthärte. Er bevorzugt einen nährstoffhaltigen, leicht feuchten und durchlässigen Boden. Die mittelfrühe Blüte hält lang an, ist gegen Witterungseinflüsse unempfindlich und trotzt auch Spätfrösten. Aufbau- und Überwachungsschnitte sind notwendig, erst später dann Verjüngungsschnitte. Der Ertrag setzt mittelfrüh, aber reich und regelmäßig ein.

Fruchtmerkmale und Verwertung

Der hervorragende Wirtschaftsapfel ist ab Mitte September pflückreif und bis November genussreif. Die kegelförmige bis stielbauchige Frucht weist breite, meist schwach ausgebildete Kanten aus. Die glatte, leicht glänzende Schale ist fest, gelblichgrün und in der Reife hellgelb und sonnenseitig mit einem Hauch von Rot ausgestattet. Das weißgelbe Fruchtfleisch ist mäßig saftig und besitzt ein Aroma mit feiner Säure und leichte Süße. Mit seinem leicht gewürzten Walnussgeschmack macht der „Jubiläumsapfel“ als wertvoller Koch- und Kuchenapfel jedes Fest zu einem Ereignis.

REZEPT

„Bratapfel mit Füllvariationen“

ZUTATEN

4 große Äpfel (ein Drittel abgeschnitten und der untere Teil ausgehöhlt)
100 ml Apfelsaft oder Wasser
60 g Kokosraspeln · 4 EL Butter
2 EL Staubzucker

ZUBEREITUNG

Kokosraspeln, Butter und Staubzucker vermischen und die Äpfel damit füllen.
Früchte in eine gefettete Form stellen, eine Hälfte des Apfelsaftes dazuleeren und bei 180 Grad Celsius etwa 30 Minuten im Ofen braten.
Nach Bedarf mit dem restlichen Apfelsaft aufgießen, der austretende Saft soll nicht anbrennen.
Am schnellsten sind Bratäpfel, gefüllt mit Marzipan, zubereitet.
Man kann die Äpfel auch ohne Fülle 15 Minuten bei 180 Grad Celsius im Ofen braten und erst danach mit einer der folgenden Mischungen (Rosinen und gehackte Nüsse, Orangenmarmelade, Preiselbeerkompott oder gehackte Datteln) füllen, Deckel wieder daraufsetzen und nochmals 15 Minuten braten.

GEBOREN IN DER WIEGE DER POMOLOGIE
„SCHÖNER VON BOSKOOP“

Herkunft und Name

Mit den bahnbrechenden Arbeiten von Johann Hermann Knoop über die besten Apfel- und Birnensorten, welche in Holland, Deutschland, Frankreich und England angebaut worden sind, wurden die Niederlande 1758 zur Wiege der Pomologie.
1856 ist der „Schöne von Boskoop“ im gleichnamigen Ort Boskoop vom dortigen Obstbaumschulbesitzer Kornelis Johannes Wilhelm Ottolander als Zufallssämling eines Wildlings entdeckt und verbreitet worden. Der hervorragende Fachmann gründete 1862 den „Boskooper Pomologischen Verein“ und brachte 1864 das Werk „Niederländischer Obstgarten“ heraus, worin die Sorte erstmalig beschrieben war. Die flächige Berostung vermittelt einen ledrigen Eindruck, was zu der weit verbreiteten Volksbezeichnung „Lederer“ oder auch „Rostapfel“ führte. In manchen Gegenden diente der große Apfel mit der Benennung „Liebes- oder Sterbeapfel“ auch als wichtige Orakelfrucht. Die jungen Mädchen warfen zum Jahreswechsel eine lange Apfelschalenschlange über die Schulter, um aus den merkwürdig verschlungenen Linien den Anfangsbuchstaben für den Namen des künftigen Geliebten herauszulesen. Über den Kopf geworfen, ergab die Form am Boden die Anzahl der noch verbleibenden Lebensjahre.

Baumeigenschaften und Standortansprüche

Der Baum besitzt weitausladende und stark wachsende Kronen mit großen, breiten Blättern. Er gedeiht auf jedem nahrhaften Boden in windgeschützten, nicht frostgefährdeten Lagen vorzüglich, stellt keine besonders hohen Wärmeansprüche. Das Holz ist leicht frostempfindlich und die Schnittmaßnahmen sollen sich auf das Auslichten beschränken. Die Blüte ist früh und lange anhaltend, jedoch etwas empfindlich gegenüber Frost.

Fruchtmerkmale und Verwertung

Die großen, kugelförmig abgeflachten Äpfel reifen Ende September bis Mitte Oktober und halten sich bis März und April. Die fein aufgeraute Schale zeigt sich von gelbgrüner, sonnseitig meist karminrot verwaschener Farbe. Das gelbliche, feste und grobkörnige Fruchtfleisch ist fast geruchlos und besitzt einen weinsäuerlichen Geschmack, hohen Zuckeranteil und Vitamin-C-Gehalt. Aufgrund des hohen Säureanteils ist die vielseitig verwendbare Tafel-, Koch- und Backfrucht bestens für Apfelmus, Apfelkuchen, Back- und Bratapfel sowie zur Saftgewinnung geeignet.

REZEPT

„Gefülltes Apfelkotelett“

ZUTATEN

4 ausgelöste Koteletts
2 geschälte und entkernte Äpfel
Salz und frisch gemahlener Pfeffer
3 EL Öl · 1 geschälte Zwiebel (in Ringe geschnitten)
Fleischbrühe oder Wasser

ZUBEREITUNG

Die Koteletts so einschneiden, dass man die gut gepfefferten Apfelringe möglichst tief in das Fleisch hineinschieben kann, anschließend salzen und in einer Pfanne mit heißem Fett anbraten.
Die Apfelschalen, die restlichen Apfel- und Zwiebelschalen in eine Kasserolle geben, die Koteletts drauflegen und bei 200 Grad Celsius etwa 30 Minuten im Ofen braten. Einmal wenden und nach Bedarf ein wenig Flüssigkeit hinzufügen, um ein Anbrennen zu verhindern. Auch das Fleisch öfters mit dem Bratensaft übergießen.

Mit Rotkraut oder Kastanien servieren.

EINE HANDCREME FÜR DIE ARMEN LEUTE
„JAKOB LEBEL“

Herkunft und Name

Der ausgezeichnete Hauswirtschaftsapfel wurde um 1820 in Amiens in Frankreich von Jacques Lebel gefunden, von dem er auch seinen Namen erhielt.

1849 ist er von André Leroy, dem bekanntesten Obstbaumschulbesitzer Frankreichs, in den Handel gebracht worden.

Bevor die saftige Frucht den Durst und den Hunger der Heizer löschte, rieben diese mit den vom Kohlenschaufeln zerfurchten Fingern das Fett der glatten Schale herunter, um die Hände einzufetten. Diese Verwendung bei den Bediensteten der früheren Dampflok-Bahnbetriebe trug dem Herbstapfel die Bezeichnung „Eisenbahner“ ein. Eine oft unerklärliche Neigung zum schrägen Wachstum führte in vielen Regionen auch zum Namen „Schiefer Mann“.

Die große, breitkugelige Frucht bewirkte viele zusätzliche Synonyme, was auch häufig die Namensbezeichnungen „Pfundapfel“, „Breitling“ oder weniger vornehm „Breitarsch“ entstehen ließ.

Einen dicken Apfelbrei strichen sich die Bauern bei der Jause zur Feldarbeit als Fettersatz auf das Brot, was ihn landauf und landab zum „Schmalzapfel“ machte.

Baumeigenschaften und Standortansprüche

Die Ansprüche des weit ausladend, schirmartig wachsenden Baumes an den Standort sind gering und mit seiner sprichwörtlichen Genügsamkeit liefert er auch in ausgesprochen rauen, aber windgeschützten Höhenlagen bis 800 Meter schmackhafte Früchte.
Er bevorzugt durchlässige und nicht zu schwere Böden. Die mittelfrüh erscheinenden Blüten sind frosthart, der Ertrag setzt eher früh ein, ist sehr hoch, doch alternierend.

Fruchtmerkmale und Verwertung

Das Universalgenie der Küche, vom Dörren bis zur Herstellung von Apfelringen, präsentiert sich als saftige, feinkörnige und leicht gewürzte Frucht. Die Pflückreife ist Ende September bis Mitte Oktober und die Haltbarkeit geht weit in den Dezember hinein.
Die Grundfarbe der Schale ist gelbgrün, später gelb bis hellorange und sonnenseitig oft rot gestreift oder geflammt („Streimling“). Häufig in historischen Schriften schon als „Chüechliöpfel“ erwähnt, wurde er früher vor allem auch in den Bäckereien und Konditoreien als klassischer „Bäckerapfel“ verwendet.

REZEPT

„Apfelkuchen am Blech“

ZUTATEN

350 g Blätterteig
5 geschälte Äpfel (in dünne Scheiben geschnitten) · 50 g Mehl
40 g Butter
100 g grob gehackte Mandeln
1 Tropfen Bittermandelöl
70 g feiner Kristallzucker

ZUBEREITUNG

Den Blätterteig ausrollen, auf ein Blech legen und die Äpfel auf dem Teig verteilen. Butter, Mehl, gehackte Mandeln, Bittermandelöl und Kristallzucker zu einem krümeligen Streusel verarbeiten und auf die Äpfel streuen. Den Kuchen bei 180 Grad Celsius etwa 40 Minuten im Ofen backen, bis die Oberfläche goldbraun ist. In Schnitten schneiden und noch heiß mit Schlagobers servieren.

EINE BISCHOFSMÜTZE AUF DER TORTE
„GEFLAMMTER KARDINAL"

Herkunft und Name

Der genaue Ursprung dieser alten deutschen Wirtschaftssorte ist unbekannt, die in vielen Regionen omnipotente Bezeichnung „Küchlapfel" verweist jedoch auf die bevorzugte Verwertung.

Kaum eine andere Apfelfrucht ist so mannigfach ausgebildet und die Rundung wird durch ausgebildete Kanten oft stark verschoben, was ihm die Ähnlichkeit und den Namen „Bischofsmütze" gab.

Das Scheppern der Kerne im Gehäuse („Rassel- oder Klapperapfel") gleicht mit viel Fantasie den Lauten eines Hahnes, sodass auch die Synonyme „Himmelhahn" oder „Hohlgacker" oder „Schlotterapfel" sowie „Hohlhäuschen" in Verwendung sind.

Nachdem der Baum zum 50-jährigen Krönungsjubiläum von Kaiser Franz Joseph I. 1898 in den meisten Kronländern der österreichisch-ungarischen Monarchie als „Kaiserapfel" zur Bepflanzung empfohlen wurde, geriet der echte Sortenname fast in Vergessenheit.

Einst wurde der heilige Laurentius von Rom auf einem eisernen Gitterrost hingerichtet. Die Anspielung auf das Blut des Märtyrers mit den geflammten roten Streifen führte auch zum Lokalnamen „Lorenziapfel".

Baumeigenschaften und Standortansprüche

Kräftig und aufrecht wachsend, wird der Baum von der Gestalt her groß und ist mit zunehmendem Alter mit breiter, leicht hängender Krone ausgestattet.
Trotz früher, reicher und regelmäßiger Erträge besitzt er eine lange Lebensdauer. Seine Ansprüche an den Boden sind gering und auch mittlere Höhenlage verträgt er noch gut.
Die robuste, mittelfrühe Blüte dauert sehr lang und ist äußerst widerstandsfähig gegen die unterschiedlichsten Witterungseinflüsse.

Fruchtmerkmale und Verwertung

Die Genussreife der oft kegelförmig abgestumpften Frucht und damit die Verwertung als begehrter Dörr-, Most-, Saft- und Kuchenapfel beginnt schon oft im September und dauert bis Februar. Die Grundfarbe der etwas fettigen Schale ist hellgelb, sonnenseitig überzogen mit geflammten roten Streifen oder Punkten. Frische und Saftigkeit zeichnen das grünlich bis gelbweiße Fruchtfleisch aus. Auf dem Wiener Naschmarkt war er früher der klassische und allseits beliebte „Strudelapfel", in den noblen Kaffeehäusern liebte ihn die feine Bürgerschicht als köstlichen „Tortenapfel".

REZEPT

„Mohntorte mit Äpfeln“

ZUTATEN

***Für den Teig** 200 g Butter · 300 g Mehl · 100 g Zucker 1 Ei · etwas Salz. **Für die Apfelmasse** 7 Äpfel (geschält, entkernt und in Spalten geschnitten) · 125 ml Wasser · 2 EL Zitronensaft 6 EL Zucker · 1 Handvoll Rosinen · Zimt und Nelkenpulver. **Für die Mohnmasse** 300 ml Milch · 250 g Mohn 5 EL Zucker · eine Prise Salz*

ZUBEREITUNG

Für den Teig Mehl, Zucker und eine Prise Salz vermischen. Klein geschnittene Butterstücke und das Ei dazugeben, schnell zu einem glatten Teig verarbeiten und eine halbe Stunde kühl liegen lassen. · Wasser, Zitronensaft, Zucker und Gewürze aufkochen, Apfelspalten und Rosinen hinzufügen und langsam weich dünsten. · Abtropfen und auskühlen lassen. Mohn in der Milch weich kochen, mit Zucker und Salz abschmecken. · Den Teig ausrollen und eine gefettete Tortenform etwa 3 Zentimeter hoch auslegen. Schichtweise die Hälfte der Mohnmasse, die Äpfel, den Rest der Mohnmasse einfüllen und etwa 60 Minuten bei 150 Grad Celsius im Ofen backen. Mit Schlagobers servieren.

EIN ARISTOKRAT MIT VIELEN NAMEN
„PRINZENAPFEL“

Herkunft, Name und Mythos

Die Entstehung der alten deutschen Sorte als hochgeschätzte Dörr- und Küchenfrucht dürfte wahrscheinlich im 18. Jahrhundert sein, die Herkunft liegt gänzlich im Dunkel der Geschichte. Besonders auffallend sind ihre vielen Fruchtvarianten und die zahlreichen regionalen Synonyme. Die Ähnlichkeit mit den Kopfformen eines Hasen und einer Katze gab ihm die Namen „Hasenkopf“ und „Katzenkopf“, in den Gebirgsgauen der Hohen Tauern und anderen Gebieten auch die liebevolle Bezeichnung „Hasenschnäutzchen“.

Weil die Kerne beim Schütteln hörbar im großen, weit geöffneten Kernhaus klappern, führte dies zum „Klapper-, Schepper- oder Schlotterapfel“. Bei der Aussaat des Winterhafers Mitte September stärkten sich die Bauern bereits mit den pflückreifen, frischen Früchten als „Haferapfel“. „Immerträger“ verweist auf die gute Ernte, „Schmalzprinz“ auf die fettige Schale und „Jerusalemapfel“ auf seine Verwendung als geschätzter Pilgerapfel. Als „Heiaapfel“ wird in manchen Gegenden seine Bedeutung beim Genuss vor dem Schlafengehen ausgedrückt, „Walzen- und Ananasapfel“ beziehen sich auf Aussehen und Geruch.

Baumeigenschaften und Standort

Der mittelstark wachsende Baum zeigt sich meistens mit einer hochkugeligen, wenig verzweigten Krone. In seinen Bodenansprüchen bevorzugt er Feuchtigkeit und gedeiht auch bei rauen Klimaverhältnissen noch in einer höheren Gebirgslage bis zu 800 Meter. Die spät beginnende, aber lang andauernde Blüte des sehr alt werdenden Baumes ist unempfindlich gegen Witterungseinflüsse.

Fruchtmerkmale und Verwertung

Der Apfel mit früh und regelmäßig einsetzendem Ertrag ist Ende September pflückreif und ab Oktober genussreif. Die oft sehr große, walzenförmige, ziemlich gleichmäßig gebaute Frucht besitzt mittelstarke Rippen, die sich zur Mitte hin abflachen.

Die glatte, matt glänzende Schale ist gelblichgrün, später hellgelb und sonnenseitig oft kräftig gerötet oder gestreift. Ein hoher Zuckergehalt, der Geruch nach Ananas, eine feine Würze sowie eine angenehme Säure zeichnen das gelblichweiße, relativ feine und saftige Fruchtfleisch aus.

REZEPT

„Apfelpralinen"

ZUTATEN

1 ungespritzte Orange · 4 EL brauner Zucker · 500 g geschälte, entkernte und in kleine Würfel geschnittene Äpfel

***Bei Bedarf:** Orangensaft*

50 g fein geriebene Biskottenbrösel

2 EL guter Orangenlikör

100 g grob gehackte Walnüsse

ZUBEREITUNG

Die Schale einer ungespritzten Orange dünn abschälen und in feinste Streifen schneiden. · Zucker in einem Topf erwärmen, bis er schmilzt. · Die kleinwürfelig geschnittenen Äpfel und die Orangenschalen-Streifen hinzufügen und ganz langsam etwa ein halbe Stunde weich dünsten. · Nach Bedarf etwas Orangensaft beimengen, damit die Masse nicht anbrennt. · Die Masse abkühlen lassen und mit Biskottenbrösel und Likör abschmecken. Nussgroße Kugeln formen, in den gehackten Nüssen drehen und in Konfektkapseln legen.

Drei Tage lang trocknen lassen und dann servieren.

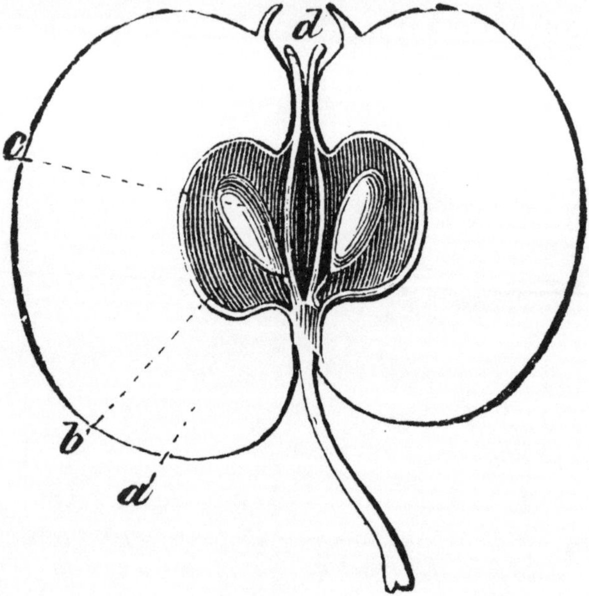

Ein Apfel im Längs-
schnitt.

a Fleischige Mittelschicht, b In-
nenhaut, c Same, d Kelchzipfel.

EIN SCHORNSTEINFEGER IN DER KÜCHE
„ROTER EISERAPFEL"

Herkunft und Name

Die Herkunft dieser vermutlich schon vom berühmten Arzt und Botaniker Johannes Bauhin (1541–1613) erstmalig beschriebenen Sorte ist unbekannt. Auch die führenden Pomologen Pfarrer Johann Ludwig Christ (1739–1813) und der Mediziner Dr. August Friedrich Adrian Diel (1756–1839) beschäftigten sich in ihren Werken mit der bereits seit langer Zeit in Deutschland weit verbreiteten Frucht. Der große Obstbausystematiker und Hofküchenmeister der Herzogsfamilie Sachsen-Gotha Johann Georg Dittrich (1783–1842) bezeichnete fast überschwänglich den „paradiesischen Süßapfel" für den Haushalt als sehr brauchbar. Als typischer Vertreter der Äpfel, die zum Fest des heiligen Nikolaus und zur Weihnachtszeit verschenkt werden, führt er die bekannten Synonyme „Krampusapfel" und „Christapfel".

Seine lange Haltbarkeit am Naturlager brachte ihm die Wertschätzungen als „Eisapfel", die Fruchtfleischhärte überhaupt als „Eisenapfel". Die rote Innenfarbe gab ihm vielerorts den Namen „Blutapfel" und das oft fast dunkelschwarz erscheinende Aussehen der Schale machte ihn zum „Mohrenkopf" oder „Schornsteinfeger".

Baumeigenschaften und Standortansprüche

Die überaus gesunde Sorte wächst kräftig und baut infolge ihrer spät einsetzenden Tragbarkeit eine breitkugelige Krone auf.
Die Ansprüche an Boden und Klima sind sehr gering und ein Gedeihen ist auch noch auf weniger fruchtbaren Böden und in raueren Lagen gewährleistet. Die späte und lang andauernde Blüte ist witterungsunempfindlich und frosthart, der Ertrag mittelhoch und nicht zu früh einsetzend.

Fruchtmerkmale und Verwertung

Mit einer Baumreife ab Ende Oktober und Verwertung ab Dezember hält der ausgezeichnete Küchenapfel bis in den Frühsommer.
Die mittelgroße, rundlich kegelförmige Frucht besitzt fünf über die Mitte laufende Rippen. Die glatte, dicke Fruchtschale zeigt sich düster grün, später heller und sonnenseitig intensiv gerötet. Charakteristisches Erkennungsmerkmal sind die zahlreichen, teils weißgelben, teils gelbbraunen hellen Punkte, die wie kleine Sterne aus dem trüben Rot deutlich zu erkennen sind. Bestens geeignet zum Kochen, Backen, Einmachen und Entsaften.

REZEPT

„Rotes Apfelkompott"

ZUTATEN

200 ml Wasser
50 g Zucker
3 zirka 10 cm lange Zimtstangen
1 kg entkernte, geschälte und in Achtel geschnittene rote Äpfel
200 ml Naturjoghurt
2 EL Honig

ZUBEREITUNG

Das Wasser mit Zucker und Zimtstangen
3 Minuten in einem Topf kochen.
Äpfel so schälen, dass die Schale in einem Stück bleibt.
Die Apfelstücke mit den Schalen im Sirup weich kochen,
sie sollen aber nicht zerfallen.
Kompott etwas auskühlen lassen, Schalen herausnehmen
und warm oder kalt mit einer Joghurthaube
und Honig servieren.

Die Schalen geben dem Kompott
eine exquisite rosa Färbung.

EIN ROTKÖPFCHEN AM WIENER NASCHMARKT
„ SALZBURGER BIRNE“

Herkunft und Name

Die berühmte Wiener Verkaufsstelle wurde von der Bevölkerung zuerst mit „Aschenmarkt“ (frühere Aschen- und Mistablagerungsstätte) und schon ab 1820 als „Naschmarkt“ (Leckereien aus fernen Ländern) bezeichnet. Ab 1916 wurde am stadtauswärtigen Ende des Marktes provisorisch ein Obst-, Gemüse- und Blumengroßmarkt eingerichtet, wo sich Händler und Verkäufer aus aller Welt einfanden.
Unter der dargebotenen Vielfalt der Früchte weckte besonders die von Salzburger Standlern feilgehaltene „Salzburger Birne“ die Begehrlichkeiten und Begeisterung der Besucher.
Die dadurch entstandene Namensgebung belegt jedoch in keiner Weise, dass diese hochgeschätzte Marktfrucht aus Salzburg stammt.
In Blatt, Holz und Wuchs gleicht sie der schon in der Römerzeit bekannten „Augsbirne“ und so bedeutende Pomologen wie der Arzt Dr. August Friedrich Adrian Diel oder der sortenzüchtende Hofküchenmeister Johann Georg Dittrich lieferten die unterschiedlichsten Beschreibungen. Der Obstbaumschulbesitzer und Apotheker Dr. Georg Liegel (1777–1861) aus Braunau am Inn führte auch den regionalen Namen „Zuckerbirndl“ an.

Baumeigenschaften und Standortansprüche

Der in der Jugend kräftig wachsende Baum bildet hochstrebende Kronen und trägt etwas später, aber dafür sehr reich und regelmäßig. In den Bodenansprüchen zeigt sich die Sorte sehr anspruchslos. Die Früchte zeichnen sich durch eine große Windfestigkeit aus und gedeihen auch noch in heißen und trockenen Lagen.
Wenn die Birnen vor der Baumreife gepflückt werden, halten sie bis zu vier Wochen.

Fruchtmerkmale und Verwertung

Die klein- bis mittelgroße, kreiselförmige Birne ist leicht braunrot gefärbt und besitzt eine raue, gelbgrüne bis gelbe Schalenfarbe.
Bei kräftiger Besonnung zeigt sie eine dunkelrote Färbung, was zur Bezeichnung „Rotbirne" oder „Rotköpfchen" führte.

Das Kernhaus ist wenig oder überhaupt nicht hohlachsig, kleinfächerig und besitzt kleine, oft unvollkommene, schwarzbraune Samen. Mitte August bis Anfang September setzt die Reifezeit ein.

REZEPT

„Birnenpalatschinken“

ZUTATEN

1 Vanilleschote · 30 g Mehl · 2 Eier
1 TL Zucker · 1 Prise Salz · 2 cl Milch
2 cl Schlagobers · 1 EL Butter
2 süße Birnen · 1 EL Butter zum Braten
eingelegte Heidelbeeren · Staubzucker

ZUBEREITUNG

Vanilleschote aufschneiden und Mark herauskratzen.
Mehl, Zucker, Salz, Vanillemark, Rahm und Milch vermengen.
Bei wenig Hitze 1 EL Butter zergehen lassen,
in den Teig rühren und eine Stunde ruhen lassen.
Birnen schälen, entkernen und in Spalten schneiden.
Etwas Butter in kleiner Pfanne erhitzen und Teig verteilen.
Birnenspalten rosettenförmig auf den Teig setzen
und mit Staubzucker bestreuen.
Sobald die Palatschinke auf der Unterseite
goldbraun ist, wenden.
Bei kleiner Hitze fertig backen.
Abschließend 1 EL Schlagobers dazu, einkochen
und mit Heidelbeerenpüree servieren.

EINE PICKELHAUBE ALS GRIESGENUSS
„GUTE GRAUE“

Herkunft, Name und Mythos

In Frankreich schon vor über 300 Jahren bekannt, ist sie seit dem 18. Jahrhundert auch im deutschen Raum als „Graue Sommerbutterbirne“ weit verbreitet.

Die große Ähnlichkeit der kegelförmigen Frucht und dem relativ dicken, langen Stiel mit dem „Helm mit Spitze“ der militärischen und später auch polizeilichen Kopfbedeckung in Preußen bewirkte den beinahe liebevollen Volksnamen „Pickelhaube“. „Griesbirne“ entstand aus der wohlschmeckenden Mischung mit dem Weizengries als Mahlzeit. Als „Graumännchen“ ist sie in den Gebirgstälern von den spielenden Kindern bezeichnet worden.

Vom bedeutenden Gärtner, Obstbaulehrer und Dendrologen Wilhelm Lauche (1827–1883) wurde die auch als „Schöne Gabriele“ titulierte Frucht als ausgezeichnete Dörrbirne gepriesen.

Durch die ausgeprägte Süße fand sie ferner als „Honigbirne“ ebenfalls lokale Beschreibungen. Diese Eigenschaft bewirkte mit der Verwendung bei Kleinkindern auch den Ruf als „Schnuckelchenbirne“.

Das Synonym „Eisenbart“ ist durch die bei starker Sonneneinwirkung hervorgerufene braunrötliche Färbung entstanden.

Baumeigenschaften und Standortansprüche

Der Baum besitzt ein an Eichen erinnerndes, starkes, hochgebautes Kronenwachstum und gedeiht bei fast allen Bodenstandorten bis zu 700 Meter Höhenlage.

Bevorzugt wird eine leicht schattige, aber dennoch sonnige Standortlage. Die mittelfrühe Blüte ist frostunempfindlich, ebenso das Holz. Der Ertrag setzt spät ein, bringt dann aber, oft jedoch nur jedes zweite Jahr, hohe Ernten.

Fruchtmerkmale und Verwertung

Die kleine, kegel- bis birnenförmige Frucht reift Ende August bis Mitte September.

Die Schale ist äußerlich hart und rau und die grünlichgelbe Grundfarbe jedoch durch einen Rostüberzug wenig sichtbar, bei voller Reife leuchtend gelb. Bei starker Sonneneinwirkung wird die Farbe sogar leicht braunrötlich. Das mattweiße Fruchtfleisch ist saftig und schmelzend, angenehm süß und leicht weinsäuerlich.

Die ausgezeichnet schmeckende Frühbirne eignet sich bestens zur Herstellung von Saft und Konfitüre, zum Dörren, Einkochen. Beim Birnengries bildet die zimtartige Würze eine echte Gaumenfreude.

REZEPT

„Schokobirnengries"

ZUTATEN

300 ml Milch · 1 Zimtstange · 1½ EL Kakaopulver
100 g Grieß · 50 g Zucker · 1 große Birne · 2 Eiweiß · Salz
2 Eigelb · 100 g weiche Butter · 20 g Zucker
100 g Sauerrahm · 275 g Blätterteig · 1 Ei · 1 EL Kaffeesahne

ZUBEREITUNG

Milch mit der Zimtstange und dem Kakao aufkochen. Grieß und Zucker unter Rühren einrieseln lassen, kurz aufkochen und von der Platte nehmen. · Grießbrei auskühlen lassen. Die Birne waschen, entkernen und in ca. 1 cm große Würfel schneiden. · Eiweiß mit Salz steif schlagen. · Eigelb mit Butter und Zucker zu einer Schaummasse schlagen. Den ausgekühlten Grießbrei esslöffelweise unter die Schaummasse rühren, bis keine Klumpen mehr zu sehen sind. · Den Sauerrahm unterrühren. Birnen und Eischnee unter die Grieß-Ei-Masse heben. · Den Blätterteig auslegen und die Füllung darauf verteilen. Teig von beiden Längsseiten zur Mitte schlagen – Kanten fest nach oben zusammendrücken, sodass eine Naht entsteht. · Strudel mit der Naht nach unten in eine gefettete Auflaufform legen. Kaffeesahne und Ei mischen und den Strudel damit bestreichen. · Im vorgeheizten Backofen bei 200 Grad Celsius ca. 40 Minuten backen.

EIN LIEDERDICHTER ALS GAUMENFREUDE
„GELLERTS BUTTERBIRNE“

Herkunft und Name

Die aus Frankreich stammende Sorte wurde um 1820 von Maurice Bonnet in Boulognes-sur-Mer gefunden.
In Belgien lebten besonders leidenschaftliche Obstzüchter, die viele neue Birnensorten hervorbrachten, die noch in der Gegenwart erfolgreich kultiviert werden.
1838 übergab der berühmteste belgische Pomologe, Apotheker und Mediziner Jean-Baptiste Van Mons (1765–1842) wenige Jahre vor seinem Tod aus seinen letzten Kernsaaten zwei großen Männern des Obstbaus unbekannte Reiser.
Der deutsche Superintendent und Pomologe Johann Georg Conrad Oberdieck (1794–1880), Mitbegründer des deutschen Pomologen-Vereins, benannte die Sorte nach dem bedeutenden Liederdichter Christian Fürchtegott Gellert in Bewunderung seiner geistlichen Oden und kirchlichen Lieder.
Der französische Baumschulbesitzer André Leroy in Angers bezeichnete sie nach dem Direktor des „Jardin de Luxembourg“ Hardy als „Beurré Hardy“. Der dichte, fein bräunlich verteilte Rost über die ganze Frucht führte auch zum Lokalnamen „Rostkugel“.

Baumeigenschaften und Standortansprüche

Der im Holz frostharte Baum wächst in der Jugend stark mit auffallend dunkelgrünen Blättern. Er ist robust und entwickelt eine hochpyramidale Krone, die einen mehrmaligen Rückschnitt erforderlich macht. Die Ansprüche an den Boden sind nicht besonders groß, bevorzugt werden jedoch leicht geschützte, sonnige Standorte bis zu 600 Meter, gedeiht auch in rauen Höhenlagen. Die Blüte ist wetterunempfindlich, der Ertrag kommt eher spät, ist dann aber regelmäßig und reich.

Fruchtmerkmale und Verwertung

Die mittelgroße, meist stumpfkegelförmige Frucht wird ab Mitte September gepflückt und ist bis Ende Oktober haltbar.
Etwas klobig und gedrungen wirkend, variiert das Aussehen von birnen- bis stumpfkegelförmig. Die grünlichgelbe Grundfarbe der dicken und rauen Schale wird in der Hochreife bei guter Sonneneinwirkung vielfach bronzeorangerot und ist mit bräunlichem Rost überzogen. Das gelblichweiße Fruchtfleisch ist sehr saftig, schmelzend und süß mit feiner würziger Säure. Die köstliche Herbstbirne stellt eine wahre Perle für den Eigenbedarf im Haushalt dar.

REZEPT

„Lauchsalat mit Schinken und Birne“

ZUTATEN

1 Stange Lauch · 1 Karotte · 1 süße Birne
Zitronensaft · 1 EL Sauerrahm
2 EL Joghurt · 1 TL Gemüsebrühe
1 Scheibe Kochschinken
Pfeffer, Salz, Kräuter nach Wahl

ZUBEREITUNG

Den Lauch waschen und bis zum dunkleren Grün in feine Ringe schneiden. · Mit der in feine Streifen geschnittenen Karotte ca. 2 bis 3 Minuten im kochenden Salzwasser blanchieren. Über einem Sieb abgießen und etwas abkühlen lassen. Birne schälen, in kleine Würfel schneiden und etwas Zitronensaft über die Birne geben. Aus dem Sauerrahm, dem Joghurt und der Gemüsebrühe eine Creme herstellen und Birne, Karotte und Lauch einrühren. Mit Salz und Pfeffer abschmecken. Den fein geschnittenen Schinken kurz vor dem Servieren unterheben oder als Beilage zugeben. Frische Gartenkräuter verfeinern den Salat.

EIN PATERNOSTER AN DER HAUSWAND
„CLAIRGEAUS BUTTERBIRNE“

Herkunft und Name

Die vortreffliche Haushaltsbirne ist um 1830 vom französischen Gärtner Pierre Clairgeau im französischen Nantes aus Samen gezogen worden und trug 1848 die ersten Früchte.

Den Mutterstamm erhielt im Jahre 1851 der Gärtner und Pomologe de Jonghe in Brüssel, der die Birne ein Jahr später in den Handel brachte. Gemeinsam mit dem bedeutenden Obstbaumschulbesitzer Alexandre Bivort (1809–1872) führte er in der berühmten ersten belgischen Pomologie „Album de Pomologie“ im Band IV mit der Bezeichnung „Beurré Clairgeau“ die erste Beschreibung durch.

In der deutschen Pomologenversammlung 1860 in Berlin wurde sie zur allgemeinen Anpflanzung empfohlen, 1877 in Potsdam zu den besten zehn Sorten zur Spaliererziehung gekürt.

Die oft in einen stark leuchtenden Rotton gehende Deckfarbe führte zur Lokalbezeichnung „Lackbirne“.

Da der reiche Fruchtbehang an der Hauswand oft an die Zählkette der Kugeln am katholischen Rosenkranz erinnert, die wie auf einer Schnur aufgefädelt sind, wird sie auch in vielen Gegenden als „Paternosterbirne“ ausgewiesen.

Baumeigenschaften und Standortansprüche

Nur schwach wachsend, bildet der Baum eine kleine, spitzpyramidale Krone mit steilen Leitästen. Die Sorte erweist sich als robust, fordert jedoch einen mäßig fruchtbaren Boden und eine warme, vor Winden geschützte Lage, was ihre Verwendung als bestens geeignete Spaliersorte begründet. Die Blüte ist früh und witterungsunempfindlich, das Holz leicht frostanfällig. Der hohe und regelmäßige Ertrag setzt sehr bald ein, freistehend sind die Früchte nicht windfest. Eine übermäßige Fruchtbarkeit führt jedoch rasch zu einer Erschöpfung des Baumes.

Fruchtmerkmale und Verwertung

Die Pflückreife der großen, unsymmetrischen und oft flaschenförmige Frucht beginnt Mitte September, die Genussreife ab Oktober. Die Schale besitzt eine schmutziggrüne Grundfarbe und geht später in ein intensives Gelb über. Am Spalier bildet die der Sonne zugewandte Seite eine prachtvolle Rotbraunfärbung, wobei bronzene Rostfiguren die ganze Frucht überziehen. Das gelblichweiße Fruchtfleisch ist sehr saftig, süßweinsäuerlich und hat mäßiges Aroma. Bestechend ist die breite Palette der Verwendung zu Kompott, Saft, Mehlspeise und als Dörrfrucht.

REZEPT

„Birnenkompott mit Mandeln und Cranberrys“

ZUTATEN

50 g Mandelkerne · 100 ml Weißweinessig
500 ml Weißwein · 100 g Zucker
200 ml Ahornsirup · 2 EL Senfpulver
1 EL gemahlener Ingwer
3 Stiele Thymian · 2 TL Salz · Pfeffer
1,5 kg Clairgeaubirnen
60 g getrocknete Cranberrys

ZUBEREITUNG

Mandeln halbieren und mit Essig, Weißwein, Zucker, Ahornsirup, Senfpulver, Ingwer, Thymian, Salz und reichlich Pfeffer in einem Topf aufkochen. Entkernte Birnen schälen, in 2 cm große Würfel schneiden und in heißen Sud geben. · Cranberrys dazugeben, 2 Minuten bei milder Hitze kochen lassen. Das kochend heiße Kompott in sterile Twist-off-Gläser füllen und sofort verschließen.

Ideal zu gebratenem Schwein oder Ente.

EINE ADELIGE MIT BESTEN EIGENSCHAFTEN
„HERZOGIN ELSA"

Herkunft, Name und Mythos

Ihre Sonderstellung belegt die anspruchslose Sorte mit den aromatischen Früchten schon dadurch, dass sie nur mit diesem einen Namen bezeichnet wird. 1879 vom Hofgärtner Müller auf Schloss Wilhelma bei Stuttgart gefunden, ist sie durch das Pomologische Institut in Reutlingen 1885 in den Handel gebracht worden. In manchen Gebirgsregionen wird sie jedoch auch mit einer anderen Adelskategorie als „Zittergräfin" bezeichnet, weil ihre leicht gesägten Blätter durch den langen Stiel ständig in Bewegung sind. Steigert sich dieser Zustand durch ein vermehrtes Windaufkommen fast zu einem leichten Rauschen, flüsterten die Bauern ehrfürchtig: „Ist der Elsa kalt, steht der Winter schon im Wald." In manchen Gegenden wird sie als „Duchesse Elsa" bezeichnet. Neben anderen Birnensorten ist sie als „Brautbirne" früher bei den traditionellen Bauernhochzeiten von der Braut an die Gäste verschenkt worden. Bei den herbstlichen Erntearbeiten fand sie in manchen Gegenden als „Steckerlbirne" Verwendung. Dabei wurde die Frucht am Vorabend auf einem Spieß in Wasser mit Zucker weich gekocht, kalt gestellt und am nächsten Tag auf dem Feld bis auf Stiel und Kerngehäuse verzehrt.

Baumeigenschaften und Standortansprüche

Der schwach wachsende, langlebige Baum bildet eine meist breitpyramidale Krone. Wegen einer verstärkten Vergreisungsgefahr ist ein Verjüngungsschnitt nötig. Die mittelspäte Blüte ist kaum witterungs- und frostempfindlich, die Fruchtbarkeit setzt früh, regelmäßig und reichlich ein. Wenig empfänglich für Krankheiten und Schädlinge, ist die Sorte für alle Baumformen geeignet. Anspruchslos in seinen Forderungen an Boden und Klima, gedeiht sie auch noch in rauen Höhenlagen.

Fruchtmerkmale und Verwertung

Die Ernte soll kurz vor der Baumreife, je nach Wärmeklima, Mitte September erfolgen, die Genussreife tritt zwei Wochen später ein. Die oft stumpfkegelförmige Birne besitzt vorerst eine grünlichgelbe Grundfarbe und zeigt auf der Sonnenseite häufig eine verwaschen rötliche Deckfarbe mit netz- oder fleckenförmiger Berostung. Das weiße Fruchtfleisch ist leicht schmelzend und schmeckt saftig. Die Frucht besitzt aufgrund ihrer Verwendungsmöglichkeiten als Mus, Kompott, zum Einkochen, als Saft, Wein, Obst-Brand, Trockenobst und Dörrobst viele gute Eigenschaften.

REZEPT

„Birnenkartoffel-Gratin“

ZUTATEN

4 Birnen
1 EL Butter · 8 Kartoffeln
250 g Parmesankäse · Salz
250 ml Schlagobers
1 Zitrone

ZUBEREITUNG

Den Backofen auf 200 Grad Celsius vorheizen und die Gratinform ausbuttern.
Entkernte Birnen vierteln und in dünne Scheiben schneiden.
Mit Zitronensaft beträufeln, damit sie nicht braun werden.
Kartoffeln schälen und in sehr dünne Scheiben schneiden, trocken tupfen.
Birnen- und Kartoffelscheiben dachziegelartig in die Form schichten.
Schlagobers gleichmäßig drübergießen.
Salzen und pfeffern. Geraspelten Parmesankäse drüberstreuen.
Form auf die Kochplatte stellen und die Sahne kurz aufkochen.
Das Gratin in den Backofen geben und nach etwa 20 Minuten eine Garprobe machen.

REZEPT

„Barschfilet mit Birnensahne“

ZUTATEN

4 Rotbarschfilets · 2 TL Zitronensaft
2 EL Butter · 1 Bund Petersilie
1 Bund Schnittlauch · 2 große weiche Birnen
4 EL Crème fraîche · 1 EL Kren (Meerrettich)
Salz · Pfeffer · Butter für die Form

ZUBEREITUNG

Backofen auf 225 Grad Celsius vorheizen.
Fischfilets waschen und trocken tupfen.
Eine große Auflaufform mit etwas Butter einfetten
und jeweils zwei Fische hineingeben.
Die Fische leicht salzen, pfeffern, mit Zitronensaft beträufeln
und Butter in Flöckchen daraufsetzen.
Die Filets in den Ofen geben und 8 Minuten backen.
Inzwischen die Petersilie hacken, Schnittlauch schneiden.
Die gewaschenen Birnen grob in eine Schüssel reiben.
Alles mit Crème fraîche, Kren (Meerrettich), Salz und Pfeffer
verrühren. · Die Birnensahne auf die Fischstücke geben
und 10 Minuten im Ofen weiterbacken.

EIN SÜSSER FISCH IM BIRNENREICH
„HERBSTFORELLENBIRNE“

Herkunft und Name

Als eine der farbenprächtigsten Herbstbirnen ist die um 1670 schon in Frankreich als „Forellenbirne“ erwähnte Sorte nur mehr selten anzutreffen. Häufig nur als „Forellenbirne“, „Beckenbirne“ oder überhaupt nur als „Forelle“ bezeichnet, ist ihre Herkunft unbekannt.
„Sie führt auf schönen gelben Grunde viele lebhafte rothe Punkte, die oft so dicht erscheinen, als wenn sie ineinander fliegen wollen“ – mit diesen Worten beschrieb 1797 in altdeutscher Schrift einst der Oberpfarrer und große Obstbaukenner Johann Ludwig Christ (1739–1813) im „Handbuch über die Obstbaumzucht und Obstlehre“ keine Forelle, sondern diese Birne.
Als „Teutsche Nationalfrucht“ bezeichnet, stufte sie auch der Arzt und Pomologe Dr. August Friedrich Adrian Diel (1756–1839) bereits 1806 als Frucht allerersten Ranges ein. Die Bezeichnung beruht nach einer alten Fabel darauf, dass der auf einem Feld stehende Birnenbaum einer im Bächlein vorbeischwimmenden, wegen ihrer blassen Farbe traurigen Forelle die roten Punkte schenkte. Fortan erfuhr mit der Namensgebung die ganze Welt draußen von der Pracht seiner Früchte.

Baumeigenschaften und Standortansprüche

Der Baum zeigt einen mittelstarken Wuchs mit schräg ansteigenden Ästen, die eine schlanke Krone bilden. Die Boden- und Klimaansprüche, auch in rauen Lagen, sind gering, wärmere Standorte und freie Lagen werden jedoch eher bevorzugt. Die Blüte erscheint spät, ist langblühend und eher wetterunempfindlich. Das Holz ist frosthart und der Ertrag setzt mittelfrüh, dafür aber hoch und regelmäßig ein.

Fruchtmerkmale und Verwertung

Die mittelgroße, in der Form von teils kreisel-, teils flaschen- bis glockenförmig sehr variable Haushaltsfrucht wird Anfang Oktober geerntet und besitzt eine Genussreife von Ende Oktober bis Ende November. Die an eine Forellenhaut erinnernde glatte Schale weist eine hellgrüne bis hellgelbe Farbe auf. An der Sonnenseite intensiv gerötet, fallen die grauen Schalenpunkte mit dem roten Hof auf. Das weißgelbe Fruchtfleisch ist sehr saftig, butterweich schmelzend, süß, leicht weinsäuerlich und melonenartig aromatisch.

EIN GUTRIECHER IM WÄSCHEKASTEN
„QUITTE“

Herkunft und Name

Bereits in der römischen Antike war die in der heimischen Küche der Gegenwart fast völlig vergessene Frucht als „Kretischer Apfel“ bekannt. Aufgrund des stark aromatischen, zitronenähnlichen Duftes wurde sie einst von den Frauen in den Kleiderkästen unter die Wäsche gelegt, was ihr den Volksnamen „Gutriecher“ einbrachte.
Quittenkerne in der Hosentasche bewahrten vor Unheil und groben Unfällen, in der Geldtasche verhinderten sie das Herausrutschen der Münzen und somit ein unnötiges Ausgeben. Bei den alten Völkern war sie vielfach eine Frucht der ewigen Liebe, Treue und des Eheglücks. Schwangere erhofften sich durch den Verzehr von Quitten schöne und kluge Kinder.
In erster Linie ist die Quitte, auch häufig „Kittenbaum“ genannt, ein ganz besonderes Nahrungsmittel für die Küche und erst dann auch eine Heilpflanze. Hildegard von Bingen empfahl die Frucht gegen Gicht und zur Heilung von Geschwüren.
Ein besonderes Kennzeichen ist ein weißgrauer, filziger Flaum an der Schale, der bitter ist und zur Bezeichnung „Wollapfel“ führte.
„Augentrost“ verweist auf die Verwendung der gekochten Kerne zur Linderung von Augenschmerzen.

Baumeigenschaften und Standortansprüche

Der Quittenbaum wird bis zu acht Meter hoch und ähnelt Apfel- und Birnenbäumen, mit denen er verwandt ist. Obwohl die Quitte sehr genügsam ist, schätzt sie doch einen warmen und eher trockenen Boden. Frostschäden lassen sich durch Rückschnitte leicht beseitigen. Die weiß-rosa Blüten erscheinen zwischen Mai und Juni und sind größer als die ihrer Verwandten.

Fruchtmerkmale und Verwertung

Die Frucht ist apfel- bis birnenförmig, besitzt ein Kerngehäuse und eine glatte, grün bis leuchtend gelbe Deckfarbe. Die Ernte der Früchte findet ab Oktober statt, wobei diese auch im reifen Zustand noch stark zusammenziehend und herb schmecken, sodass sie vor allem gekocht genossen werden. Am besten pflückt man sie, wenn sie noch nicht reif sind, denn mit zunehmender Reife wird das Pektin abgebaut, was für die Küchenverwertung von entscheidender Bedeutung ist.

Mus, Saft, Gelee bis hin zum Brot ergeben viele Aufbereitungen, die auch eine Heilwirkung aufweisen.

REZEPT

„Quittenschaum mit Gewürzrahm"

ZUTATEN

Für den Quittenschaum *800 g Quitten · abgeriebene Schale und Saft einer Zitrone · 2 EL Zucker · 2 EL Honig · 2 Eiweiß*
Für den Gewürzhonigrahm *200 ml Schlagobers*
1½ EL flüssiger Honig · 1 TL geriebene Ingwerwurzel
½ TL Zimtpulver · 1 Msp. Gewürznelkenpulver
Zimtstangen zum Garnieren

ZUBEREITUNG

Quitten waschen und mit einem Tuch abreiben.
Auf einem mit Backpapier belegten Blech verteilen, in der Mitte des auf 180 Grad Celsius vorgeheizten Ofens 1 Stunde garen.
Die Quitten kalt abschrecken und auskühlen lassen.
Quitten schälen, entkernen, das Fruchtfleisch in Stücke schneiden. · Zitronenschale und Saft, Zucker, Honig beifügen und die Masse pürieren. · Den Eischnee schlagen und sorgfältig unter die Quittenmasse heben. · Den Quittenschaum in Dessertgläser füllen und zugedeckt 2 bis 3 Stunden kühl stellen.
Das Schlagobers mit Honig und den Gewürzen flaumig schlagen und auf dem Quittenschaum anrichten.
Mit einer Zimtstange garnieren.

ÜBER DEN AUTOR

Prof. DDr. Bernhard Iglhauser, 1951 in Thalgau geboren, zählt zu den profundesten Kennern der Obstbaukunde und historischen Pomologie. Als Initiator zahlreicher Rettungsmodelle zur Erhaltung alter Sorten organisierte er über drei Jahrzehnte große Fruchtausstellungen wie *Pomona*, *Pruniade*, *Pirarium* oder *Lukulliade*. Seine Kampagne *Lebensräume – Kinderträume – Obstbäume* wurde mit dem Österreichischen Staatspreis der Europäischen Umweltstiftung London ausgezeichnet.

 E-Mail: info@servus-buch.at. Fotos Cover, S. 2: mauritius images/imageBROKER/BAO, S. 5: 123RF/ Katerina Pruchkovska, S. 6/7: Naturpark Obst-Hügel-Land/MT Medien Michael Thallinger, S. 12, 27, 28, 44, 48, 52: Arche Noah, Schiltern, S.17: Thinkstock/Getty Images/dusiowa, S. 22: 123RF/Christian Mueringer, S. 25: Thinkstock/Getty Images/PeJo29, S. 33: Thinkstock/Getty Images/belchonock, S. 34: mauritius images / Alamy, S. 42: Fotolia/irina_k_ch, S. 49: Fotolia/Pawel Spychala, S. 53: Fotolia/istetiana, S. 56: Thinkstock/Getty Images/Azurita, S. 60: Fotolia/pholidito, Backcover: Naturpark Obst-Hügel-Land. Redaktion: Birgit Moltinger. Lektorat: Arnold Klaffenböck. Titelsatz aus einer Kalligrafie von Karl Starzer, Satz aus der Adobe Garamond Pro sowie der Meta Pro. Art Direction: Peter Feierabend. Gestaltung und Satz: Conny Laue. Gebunden in Fadenheftung.
Druck und Bindung: Druckerei Theiss. Gedruckt in Österreich.
ISBN 978-3-7104-0008-7
1 2 3 4 5 6 7 8 / 16 15 14
www.servus-buch.at